गीतिका के गागर से

कुछ शब्द अंतर्मन को छूते हुए

गीतिका जैन

BookLeaf Publishing
India | USA | UK

Made with ❤ on the BookLeaf Publishing Platform
www.bookleafpub.in
www.bookleafpub.com

Dedication

कभी-कभी हम अपने आसपास बहुत सी चीजों को देखते हैं और महसूस करते हैं लेकिन उनको कह नहीं पाते ।मेरी किताबे **"गीतिका के गागर"** से एक छोटी सी कोशिश लोगों के दर्द को महसूस करना और उसको कविताओं के माध्यम से कह पाने की एक चेष्टा है। उम्मीद है उसके अर्थ और उसमें छिपे मर्म को आप मेरे साथ महसूस कर पाएंगे।

Preface

कुछ शब्द चुराए हैं मैंने,
अपने अंतर्मन की गलियों से।
भरना चाहा है उससे ,
"गीतिका के गागर" को
वो "गागर"
जो अब मिलने को है बेचैन,
अपने "सागर" से।

Acknowledgements

मेरी जिंदगी में आने वाले हर उस शख्स का शुक्रिया .. जो मुझे हमेशा कोई ना कोई सीख देकर गया.. , वह सीख जिसने मुझे हमेशा आगे बढ़ने के लिए प्रेरित किया और कभी-कभी कुछ ने ठोकर खाकर संभलना भी सिखाया.. जिंदगी के हर मोड़ पर गिराने वाले और संभालने वाले दोनों का ही बहुत-बहुत शुक्रिया और बहुत-बहुत आभार ।

1. क्यूं रहू मैं बुत बनकर

इक दिन जब गई मैं,
मोम के बाजार में।
उस बाजार में चारों तरफ...
नजर आए बुत ही बुत।
पता नहीं क्यों, ठहर गई...
नजर मेरी उस एक बुत पर।
उसको देखकर लगा कुछ ऐसा...
जैसे बहुत कुछ कहना चाह रही हो वो
मोम का जामा उतार- फेंकना...
चाह रही हो वो।
गई जब मैं पास उसके...
छुआ जब उसके हाथ को....
झरझरा कर बहने लगे...
उसकी आंखों से उसके आंसू।
मैंने पूछा उसको, कौन हो तुम....
क्यों है आंखों में तुम्हारे आंसू....
उसने कहा मैं भी थी....
कभी तुम्हारे जैसी।
चंचल शोख ,
अपनी ही धुन में रहने वाली....

लेकिन एक दिन आई एक ऐसे शहर में...
जहां लोगों को मोम की,
गुड़िया ही पसंद थी।
ना पसंद थी उसकी आवाज...
ना पसंद था उसका नाचना-गाना।
उस चंचल गुड़िया को,
किया उन्होंने इतना मजबूर...
बना दिया उसको भी अपने जैसा...
लगाई उसके हंसने- बोलने पर रोक,
और वो गुड़िया ,बन गई बुत।
जिसकी हर इच्छा और भावना के साथ....
बन गया उसका शरीर भी बुत।
मानो उसकी आंखें कह रही थी बार-बार.....
मुझे भी है जीने का अधिकार।
क्यूं रहूं मैं बुत बनकर....
क्यों रहूं मैं बुत बनकर...

2. मेरा अल्हड़पन

कहीं कुछ पीछे.... छूट सा रहा है,
क्या रहा है... छूट,
नहीं है आ रहा ....समझ मुझे,
क्या है वो ...मेरा बचपन,
कहीं वो मेरी अल्हड़ हंसी तो नहीं..
या है वो मेरी इठलाती चाल...
बिन बात के हंसना...
बिन बात के मुस्कुराना...
और कभी-कभी खुद पर...
पागल का ठप्पा भी लग जाना...
वो बेबाकी और वो मदमस्त अंदाज....
वो बेधड़की का आलम...
अपनी आंखों को घुमाते हुए...
हर बात पर इतराना....
बिना सोचे समझे....
कुछ भी कह जाना....
ना है शोर सलीके का.....
और ना है धुंध लहजे का...
अपनी एक मुस्कुराहट पर...
कितनो के ही दिल पर....

छुरियां चलाते जाना...
कइयों का बार-बार उलाहना देना.....
सुधर जा अब तो...
सयानी हो गई है तू...
लेकिन सबको पीछे छोड़.....
अपनी ही धुन में मस्त रहना....
क्या यही सब कुछ पीछे छूट रहा है...
हां शायद......
उम्र का दौर आगे बढ़ रहा है...
और मेरा अल्हड़पन...
पीछे छूट रहा है...

3. अहसासो का मौन हो जाना

जा चुकी थी वो शून्य में....
पर उसको शून्य में जाते....
किसने देखा...
देखता भी कोई कैसे....
घूंघट की ओट में तो...
हर चीज छिप जाती है....
फिर चाहे वो आंखों की....
अठखेलियां हो....
या हो आंखों का....
समंदर हो जाना...
उसने तो सोचा ही ना था कभी....
कि जिस घर में वो....
ब्याह कर आई....
बड़े-बड़े सपने लेकर आई....
वहां होगा ये सब उसके साथ.....
जहां हर पल किया जाएगा....
उसकी आत्मा को छलनी...
जड़वत सी खड़ी...
देखती रह गई वो....
कि छोड़ कर आई जिसके लिए... अपना सब कुछ....

वो मौन होकर खड़ा था....
जो करता था बातें इतनी सारी.....
शादी से पहले...
वो सुन रहा था सब कुछ चुपचाप...
उसके साथ हुई हर ज्यादती पर....
वो तमाशबीन बना रहा....
फिर उसको कहता है कि....
तुम्हारे अहसास कहां गए....
कैसे समझाऊं उसे...
कि ये अहसास तो....
उसी दिन मर गए....
जिस दिन तुम्हारी चुप्पी ने....
औरों के एहसासों को जगा दिया....

4. ऐ जिंदगी

जी लेने दे मुझे ....
ऐ जिंदगी....
नहीं है पता कितनी है सांस बाकी....
खुलकर हंस लेने दे मुझे.....
ऐ जिंदगी....
कहीं खो जाने दे मुझे....
इन बादलों की दुनिया में....
उस एक आस को रहने दे....
मेरे अंदर जिंदा....
ऐ जिंदगी.....
जो है वजह मेरे सांसों के चलने की....
बन मेरे मुस्कुराने की वजह....
ना बन मेरे गमों का सौदागर....
ऐ जिंदगी......
माना कि ये सांसे दी हुई है तेरी उधार..
पर जब तक है ये मेरे पास...
रहने दे उसमें खुशबू....
किसी के अहसास की...
अनगिनत सांसे देकर...
कुछ हक सांसों पर भी तो दे....

ऐ जिंदगी.....
कुछ तो ऐसा करने दे....
कि इन फिजाओं में....
घुल जाए रंग सांसों का...
इन सांसों को भी सांस आने दे....
ऐ जिंदगी.....
बड़ी ही मुश्किल से...
चुना है इस जिंदगी को....
कहीं बोझ ना बन जाए...
ये सांसे इस जिस्म पर...
कि इनको ढोना हो जाए मुश्किल...
ऐ जिंदगी....
जी लेने दे मुझे.....
ऐ जिंदगी.....

5. यादों का झरोखा

हर उस आंख की चमक को....
अपने नैनों में जरूर बसा लेना...
जिसने तुम्हारी जिंदगी को नई रोशनी दी हो.....
हर उस चेहरे को...
जरूर यादों में रखना...
जिसने तुम्हारी जिंदगी के रूख को ही बदल दिया हो....
हर उस मन को जरुर महसूस करना...
जिसके अहसास से....
तुम्हारे दिल ने दोबारा धड़कना शुरू कर दिया हो...
हर उस हाथ की गर्माहट को....
जरुर महसूस करना.....
जिसने मुसीबत के समय तुम्हारा हाथ थामा हो.....
उस लय को जरूर मन में बसा लेना...
जिसने जिंदगी के सुर- ताल बदल दिए हो....
हर उस फूल की खुशबू को जरुर महसूस करना....
जिसने तुम्हारी जिंदगी को महकाया हो.....
हर उस मस्ती को....
अपने अंदर जरूर जिंदा रखना....
जिसने तुम्हें फिर से अपना बचपन याद दिला दिया हो......
जिंदगी में मिले हर धोखे को भी याद रखना....

जिसने जिंदगी की दशा को ही बदल दिया हो......
उस उजड़े चमन को भी याद रखना....
जिसके उजड़ने से ही तुम्हारा बाग खिला हो....
और तो और ,हर उस कांटे का भी...
शुक्रगुजार रहना.....
जिसने तुम्हें कंटीले रास्तों पर चलना सिखाया हो....

6. आंखें ....सब बोलती हैं

हम उसकी आंखों को देखकर......
समझ गए.....
कि माजरा क्या है....
लेकिन वो झूठ बोलते बोलते ना थके..

कितना ही छुपा लो ...
आंखों की कारगुजारियों को....
ये तो वो दर्पण है....
जो आपके मन के कोमल अहसासों को....
आपकी आंखों में छुपे हुए दर्द को....
और आपकी आंखों की चमक को....
बयां कर जाता है...

उनको ये अहसास ही ना हुआ...
कि सबको धोखा देते देते ....
उनकी आंखों ने ही ना जाने...
कब उनको धोखा दे दिया...

आंखों के दरिया में....
डूबने के बाद उसने जाना.....

कि अहसास क्या है....
उन एहसासों को जो वो....
ताउम्र झुठलाता गया.....

जब भी उसकी आंखों में देखा....
समंदर ही नजर आया....
क्या पता ,कितने ही अहसासों को....
डुबो रखा था उसने...

ये आंखों की गुस्ताखियां ही तो है...
जो मेरी होकर भी....
मेरे साथ गुस्ताखियां कर जाती हैं....
मैं सच ना बोलना चाहूं....
तो भी सच बोल जाती हैं...

7. सच्ची बेवफाई

इस थरथराती सर्दी में....
कांप रहे थे उसके होंठ....
शायद चाह रहे थे....
वो अहसास....
वो अहसास, जो छूट गए थे....
कई साल पहले....
उसको कैसे बतलाऊं...
कि जिस दिन गई थी वो....
मुझे छोड़कर.....
उसी दिन अपने हर अहसास को....
मिट्टी में दफन कर दिया था....
आखिर क्यों है जरूरत....
उसको अब उन अहसासों की....
पैरों तले रौंदकर.....
उन एहसासों को....
वो ही तो आगे बढ़ गई थी.....
कहा था उसने ,क्या मिला तुमसे....
सब कुछ पाने की चाह में....
सब कुछ छोड़कर ,उसने ही तो....
अपना रास्ता बदल दिया था....

मुझे इस वीराने में छोड़कर.....
अपने लिए नया आशियां तलाशने की.
चाहत भी तो उसी को ही थी....
सब कुछ जानते हुए भी....
ये अल्फाज क्यों उसको....
ना न कह पाए....
हां ,शायद सच्चा प्रेम तो....
मैंने ही किया था....
भले ही उसने की हो सच्ची बेवफाई...
सच्ची बेवफाई.....

8. आखिर क्यों है तू परेशां

उसका पत्थर बन जाना तो, सबने देखा.. ...
पर ये किसी ने ना देखा.....
कि पत्थर की मूरत बनने से पहले...
उसको कितनी ही बार तोड़ा गया होगा....
कितनी बार उसको चकनाचूर किया गया होगा.....
क्यूं है तकलीफ उसको ,उसके पत्थर हो जाने से.....
उसको पत्थर बनाने में.....
मेहनत तो उसने भी बखूबी की है....
हर लम्हा, जितनी शिद्दत से उसने उसे तोड़ा है.....
उतनी ही शिद्दत से ,आज ये पत्थर की मूरत....
उसके सामने खड़ी है....
हर पल तोड़ने से पहले......
एक बार तो उस मासूम मन के बारे में सोचा होता.....
कितना दर्द हुआ होगा उसे....
उसकी आत्मा को लहूलुहान कर दिया तुमने.....
क्षण मात्र भी उसकी पीड़ा को......
महसूस ना कर पाए तुम.....
महसूस करते भी कैसे.....
तुम्हें तो हर पल आनंद की प्राप्ति हो रही थी.....
तुमने अपनी खुशी के लिए.....

उसको मिट्टी में मिला दिया....
शायद इसमें ही तुम्हारी रज़ा थी.....
पर है वो अब खुश पत्थर हो जाने से...
क्योंकि जब अहसास ही नहीं है.....
तो क्या खुशी ,क्या गम.....
फिर भी तू परेशां है...
आखिर क्यूं....
आखिर क्यूं....

9. सच्ची खुशी

जगमगाती रोशनी की चकाचौंध....
चारों तरफ ढोल- नगाड़ों का शोर...
हर तरफ नाचते- गाते लोग.....
हर एक चेहरा मुस्कुराता हुआ....
अपनी ही धुन में हर कोई मगन....
पर उस नाचती- गाती भीड़ में.....
क्यों है एक चेहरा मुरझाया हुआ सा...
क्यों है उसकी आंखें कुछ डरी हुई सी....
इस थरथराती सर्दी में....
चंद कपड़ों में लिपटा हुआ....
कांपता हुआ सा उसका बदन.....
सहसा मैंने देखा....
उन बेबसी से भरी आंखों में....
दर्द के सिवा कुछ ना दिखा...
पर उसकी आंखें तो टिक ही गई थी...
गरमागरम गुलाब जामुन और गाजर के हलवे पर....
गरमागरम रोटी और पनीर की सब्जी पर....
फिर क्या था....
मेरा लेखक मन....
भांप गया उसके मन की मंशा को....

शायद कई दिनों से था वो भूखा....
तुरंत ही लगाई भोजन की एक थाली....
पकड़ाई उसके हाथों में....
कुछ ना कह पाया वो....
आंखों से झर -झर बहने लगे उसके आंसू.....
रखा मैंने हाथ उसके कंधे पर.....
और दी सांत्वना उसे....
कोई ना कहेगा तुम्हें कुछ....
उसके तृप्त होते पेट और मन को देखकर.....
मिली सच्ची खुशी मुझे.....
शायद तृप्त तो आज मैं भी हो ही गई थी.....

10. क्या सच में इंसान है तू

इंसान होकर भी तेरे अंदर....
इंसानियत ना आ पाई.....
दर्द तो दिया तूने पर .....
कभी दवा ना दे पाया....
खड़ा होकर ,मुस्कुराता रहा तू.....
कभी किसी की बेबसी को ना समझ पाया तू.....
क्या है तू इंसान कहलाने लायक....
जो राख के मंजर में भी हीरे तलाशता है.....
जाने कितनों की ही तकलीफों को....
पहनाया तूने ,आंसुओं का जामा....
और कहता है....
कि इंसान है तू......
अरे कैसा इंसान है तू.....
एक तरफ, देह लुटती रही.....
और तमाशबीन बना रहा तू......
भूख से बिलखते बच्चों को ......
देखकर भी.......
तेरे अंदर कोई इंसानियत ना जागी ....
फिर कहता है कि इंसान है तू.....
किसी की बेचारगी पर हंसने वाले......

क्या सच में.....
खुशी तुझे रास आएगी......
क्या दर्द में डूबे.....
किसी इंसान का.....
थामा तूने कभी हाथ......
अपनी ही दुनिया में मस्त रहने वाले....
क्यों किसी के घाव पर......
मरहम ना लगा पाया तू......
तू तो इंसान होकर भी.......
इंसान न बन पाया......
फिर भी कहता है कि' इंसान है तू '।

11. ये बारिशें

ये बारिशें सबके लिए कहां एक जैसी होती हैं....

कहीं किसी के लिए परेशानी का सबब....
तो कहीं किसी के लिए रोमांटिक डेट का बहाना होती है.....

कहीं किसी के लिए रोजी-रोटी को बचाने की जद्दोजहद......
तो कहीं पकौड़ों का स्वाद लेती हुई जिंदगानियां....

कहीं अपने घरों को पानी में बहते हुए देखना.....
तो कहीं बारिश की बूंदो का एहसास करने के लिए खिड़की- दरवाजों को खोल देना......

बारिश वही लेकिन सबके लिए अलग अहसास लेकर आई.....
कभी जिसका सब कुछ पानी में बह गया,
कोई उसके दिल से पूछो....
कि ये बारिश उसके लिए क्या लेकर आई......
एक डराने वाले अहसास से ज्यादा कुछ भी तो नहीं....

बारिश किसी के तन पर गिरकर उसको एक गुदगुदाने वाला अहसास लेकर आई....

कहीं किसी की आंखों में आंसुओं का सैलाब लेकर आई....

बारिशें कहां सबके लिए खुशगवार होती हैं....

ऐसी बारिशों का कोई क्या करें कि आंखों से बहती हुई धारा......
और बारिश की बूंदो में कोई फर्क ही ना कर पाए.....

ये बारिश खूबसूरत तो है लेकिन वो इंद्रधनुषी रंग.....
सबकी जिंदगी को कहां रंगीन बनाते हैं......

ये बारिशें कहां सबके लिए एक जैसी होती है....

12. नया आसमां

एक नया आसमां......
अपनी बाहें फैलाए.....
कब से कर रहा......
मेरा इंतजार....
कब से है बेकरार.....
मुझे आगोश में लेने को......
हां, क्यों कहूं मैं झूठ......
मैं भी तो तड़पी हूं......
सालों -साल और पल- पल.....
हर लम्हा.....
जिसको मैं ढूंढती रही.....
आज वो खुद ही.....
मेरे द्वारे चल कर आया.....
शायद वो भी तो.....
था बेकरार....
और कर रहा था मेरा इंतजार.....
इंतजार मेरे जुनूनी होने का......
शायद अब जो मिले.....
तो नहीं बिछड़ना होगा आसान.....
क्योंकि अब जो बढ़ी हूं आगे.....

नहीं है पीछे देखना आसान.....
स्याह काले अंधेरे को चीरकर.....
जाना होगा मुझे उजाले की ओर.....
नहीं है रुकना मुझे.....
अब तो जाना ही होगा.....
मुझे अपने नए आसमां के साथ.....
नए आसमां के साथ......

13. नैया का खेवैया

भंवर जाल में, फंसी मेरी जिंदगी.....
किस ओर जा रही है, नहीं है एहसास मुझको .....
चारों तरफ ,स्याह अंधेरा है छाया हुआ.....
नहीं नजर आती, रोशनी की एक किरण......
तभी हुआ, अहसास मुझको.....
कोई डोर है ,जो खींच रही मुझे.....
कहां लेकर जाएगी ,ये डोर.....
कौन सी है, मंजिल इसकी.....
लेकिन अचानक, डर का अहसास क्यों कम होने लगा......
ऐसा महसूस होने लगा.....
कि शायद ,अब ये डोर पार लगाकर ही छोड़ेगी......
नहीं डूबने देगी मेरी नैया.....
ये कौन सा नाविक है ,जो मेरी डोर को थामे हुए हैं......
जो नहीं डगमगाने दे रहा, मेरी नैया को.....
सहसा ही, आंख खोलकर मैंने उस नाविक की ओर देखा......
अरे !ये तो वही है, वही तो है वो......
जो जिंदगी के हर पथ पर मेरा पथगामी बना हुआ है.......
जिंदगी की हर डगर पर .....
जिसकी कदम- ताल को, मैंने पल-पल महसूस किया......
हर लम्हा ,जिसने मेरे हाथों को थाम रखा है......

मेरे कदमों को ,जिसने कभी डगमगाने नहीं दिया.....
क्या कहूं ,उस नाविक के बारे में कुछ और......
जो हर पल, मुझसे कहता है.....
तू आगे बढ़, मैं तेरे साथ खड़ा हूं......
डर किस बात का है, तेरे हर कदम को देख रहा हूं.......
नमन है उस, मेरी नैया के खेवैया को.....
जो मेरी डूबती हुई नैया को, पार लगा ले गया.......
और मुझे ,अहसास करा गया.....
कि हूं मैं हर पल......
तेरे साथ ,तेरे पास......
तेरे साथ ,तेरे पास......

14. हजारों खुशग़वारियां

हजारों खुशग़वारियों के बीच.....
उस खामोशी की चादर को.....
ओढ़ रखा है मैंने......
इसे हटाने की कोशिश ना कर......
कहीं सब कुछ तार तार ना हो जाए....
हजारों खुशग़वारियों के बीच......
इस टूटे दिल के.....
हजारों टुकड़ों को.....
बड़ी ही मुश्किल से समेट रखा है मैंने....
ना दे इसको इतने अहसास(जख्म)....
कहीं ये फिर से टूट कर ना बिखर जाए.....
हजारों खुशग़वारियों के बीच......
मन है बड़ा बेचैन.....
न दे इसको इतना उलाहना....
कि सरेआम सरेराह....
ये खुद से ही बेखबर हो जाए.......
हजारों खुशग़वारियों के बीच....
इन आंखों की नमी को.....
छुपा रखा है मैंने.....
ना कर दर्द की.....

इतनी इंतहा......
कि ये आंखें......
समंदर बन जाए......
और उनमें सुनामी आ जाए.....
हजारों खुशग़वारियों के बीच.....
जो चल रही है सांसे.....
किसी की आस में.....
उस आस को ना छीन मुझसे.....
कि जीने की वजह......
ही ना रहे मुझमें.....
हजारों खुशग़वारियों के बीच......
छुपा रखा है मैंने.....
तुझे और तेरे एहसास को........
तुझे और तेरे एहसास को
हजारों खुशग़वारियों के बीच......

15. बावरा मन

कैसे समझाऊं इस चंचल मन को......
कैसे समझाऊं इस बंजारे को......
जो भंवरे की तरह.....
डाल -डाल और पात -पात घूमना चाहता है......
मन का मयूरा तो.....
अपनी ही मस्ती में मगन......
अपनी ही धुन पर नाचना चाहता है....
कोई रोके भी तो कैसे उसे.....
कहां वो किसी की सुनने वाला है.....
वो तो है जाने को बेकरार.....
इक नई दुनिया में......
जहां ना हो दुःखों का कोई डेरा....
ना हो गमों की कोई बौछार......
ऐसे ही किसी खूबसूरत मंजर को......
आंखों में बसाना चाहता है......
ये 'मन बावरा' तो बस उड़ जाना चाहता है.....

मन के सूखे रेगिस्तान में.....
कितने ही तो आए बंजारे....

और टकराकर चले गए......
इस मन की दहलीज पर......
पर कहां कोई इसमें बस पाए......
कहां कोई इसकी बेचैनी को समझ पाए......
क्या है कोई जो, मन के सूने बाग को.....
हरा- भरा कर पाए......
और दे एक नया आशियां.....
मन की बेचैनियों के......
उफान को जो रोक पाए......
कौन है वो जो.....
मेरा सुकून वापस लौटा पाए......
और इस' बावरे मन 'को तसल्ली दे जाए.......

मन तो है वो दरिया......
जो बह जाना चाहता है......
अपने ही वेग में......
होके बेपरवाह हर फिक्र से......
पंछी बन उड़ जाना चाहता है......
जिंदगी की लय- ताल को छोड़कर.....
अपनी ही धुन पर नाचना चाहता है...
हर उस शह को पीछे छोड़कर......
अपनी ही एक चाल बनाना चाहता है......
हर फिक्र को धुएं में उड़ाकर....
ये 'मन बावरा '.......
फिर से झूम जाना चाहता है......

16. कांटे की चुभन

कहीं तो कांटा ,चुभा ही होगा.....
कहीं तो दर्द, हुआ ही होगा.......
उस कांटे की चुभन की, असहनीय वेदना......
छलनी कर चुकी है ,उसके नाजुक मन को......
कइयों ने कहा, भूल जाओ उस दर्द को.....
अब उन्हें कौन समझाए ,तन की वेदना तो.....
समय के साथ, भर ही जाती है.....
पर उस मन पर ,जो घाव लगे हुए हैं......
कौन सा मरहम है, जो उसे भरेगा.....
क्या भूल पाना ,बेहतर होगा......
उस कांटे की, चुभन को......
जिसने पग पग पर ,तुम्हारा चलना मुश्किल किया हो......
भूल जाना तुम सब कुछ, लेकिन.....
उसकी कसक को, हमेशा याद रखना......
यही तो तुम्हें कांटों से, बचकर चलना सिखाएगी.....
इस छल प्रपंच वाली दुनिया में.....
जो करते हैं, अपने होने का ढोंग.....
उनके चेहरों पर से ,नकाब भी तो......
ये कसक ही हटाएगी.....
तेरे सब कुछ भुलते ही......

उस कांटे की चुभन.....
सभी कुछ तो, तेरे साथ दोहराया जाएगा.......
जितना तू होगा छलनी......
उतना ही तो उसके दिल को सुकून आएगा.......
हर लम्हा, हर पल तेरे साथ......
फिर वही सब दोहराया जाएगा.....
हर लम्हा, हर पल तेरे साथ.....
फिर वही सब दोहराया जाएगा....।

17. खुली किताब

मैं तो बनी रहना चाहती थी........
खुली किताब.....
पर तुमने तो इस किताब के.......
हर पन्ने को ही बंद कर दिया....
बंद तो कर दी......
तुमने ये किताब......
पर अब इतनी है दरख्वास्त........
कि ना बेच देना इसे.....
रद्दी के भाव......
कभी ना पढ़ने की कोशिश की........
तुमने इसके किसी भी......
एक पन्ने को......
और शायद......
इसीलिए नहीं समझ पाए.......
तुम इसके अर्थ.....
और उसमें छिपे उसके मर्म को......
शिकवा करूं भी तो कैसे.....
अच्छी किताबें........
कहां हर किसी को आती है समझ.....
इस किताब का हर काला अक्षर......

तुम्हारी जिंदगी को......
मोतियों से भर सकता था......
लेकिन तुमको तो इस किताब के......
खाली पन्ने ही चाहिए थे.......
जिस पर जब जो चाहे ......
लिख लो......
और जब जी चाहे......
मिटा दो......
जब जी चाहे....
मिटा दो.....।

18. क्या घिर जाऊं मैं फिर से शून्य के अंधेरों में

मेरे मन को शून्य में जाते किसने देखा.....।
किसने मन की वीरानगियो में झांका....।
क्या कोई महसूस कर पाया उस तूफान को.....
जिसने मचा रखा था.....
त्राहिमाम मन के अंदर.....।
मेरी उस पीड़ा को.....
कोई ना महसूस कर पाया......।
करता भी कैसे.....
मेरी तो चीत्कार भी मौन में चली गई थी.......।
मन की बेबसी का तो.....
आलम कुछ ऐसा था......
कि ना कह पाई कुछ भी उनको.....
जिन्होंने ठहराया पल- पल.....
गुनहगार मुझे.....।
क्यों देती फिरू मैं.....
सबको दुहाई.....।
क्यों मांगती फिरू मैं......
सबसे रिहाई......।
क्या थी गलती मेरी.....

शायद यही कि आजाद होना था मुझे.....
उन जंजीरों से ,उन बेड़ियों से.....
उस एक सोच से......
जिसको नहीं थी गवारा......।
मेरी इक छोटी सी खुशी.....
जो हर पल चाहते थे.....।
मुझे एक कैद में रखना.....
मेरी इक हंसी......
क्यों दे जाती थी उनको तकलीफ......।
क्या मुझे नहीं थी.....
खुश होने की आजादी.......
क्या मुझे नहीं था ,जीने का हक......
नहीं .....बस अब और नहीं.....।
नहीं जाना मुझे शून्य की ओर......
नहीं है घिरना मुझे शून्य के अंधेरों में......।
शून्य के अंधेरों में......।

19. कुछ तो सांस आने दे

क्या सांस ,आ जाती है तुमको.....
क्या सांस ,आ जाती है तुमको.....
हर पल, छल करते-करते......
हर पल ,किसी को नीचा दिखाते -दिखाते .....
बात -बात पर, झूठ कहने वाले......
बात- बात पर, धोखा देने वाले.......
सब कुछ ,मेरा -मेरा करने वाले......
दूसरों का हक ,मारने वाले......
हर बात पर, दूसरों का मजाक बनाने वाले......
बात-बात में, दूसरों की हंसी उड़ाने वाले.......
इसकी भलाई और उसकी बुराई......
इसकी लगाई और उसकी बुझाई.....
इसको धक्का देकर ,उसको धक्का देकर.....
फिर उन्हीं रास्तों पर ,आगे बढ़कर.....
क्या सांस ,आ जाती है तुमको.....
क्या सांस ,आ जाती है तुमको......
क्या नहीं घबराता ,जी तुम्हारा.......
क्या जी नहीं कांपता तुम्हारा.....
किसी को, ज़मींदोज़ करते हुए......
क्या नहीं है एहसास तुमको.....

क्या नहीं है एहसास तुमको....
आज खोदा है गड्ढा ,तुमने जिसके लिए......
वही गड्ढा, तुम्हारे लिए भी खोदा जाएगा.......
रुलाया है तुमने, पल- पल जिसको......
उसकी आंखों से, बहा एक-एक कतरा......
तुम्हारे लिए, सुनामी लेकर आएगा.....
ये काल का चक्र है ,जो पलटता ही जाएगा.......
तुम्हारा किया ,तुम्हारे पास ही आएगा.....
माना कि सारी सत्ता है ,तुम्हारे पास......
पर तुम्हारे सिंहासन को, हिलाने वाला भी तो कोई आएगा......
कुछ तो आराम, अपनी चालाकियों को भी दे......
कुछ तो चैन ,अपनी कारगुज़ारियों को भी दे......
और कुछ तो सांस, खुद को भी आने दे.......
कुछ तो सांस, खुद को भी आने दे.....

20. बहू- बेटी

जिस दिन उसने रखा लाल जोड़े में.....
उस घर की चौखट पर.....
पहला कदम......
तभी सुनाई दी उसे......
कोई मीठी सी आवाज......
जो कह रही थी कि तुम......
बहू नहीं, बेटी बन कर आई हो......
उसका अल्हड़ मन तो.......
आज शायद बस उड़ा ही जा रहा था......
समझ रही थी खुद को......
सबसे ज्यादा किस्मत वाला......
पर जैसे-जैसे निकलता गया समय.....
हो चला था उसे ये एहसास......
कि उस घर में......
उसको बेटी तो क्या......
बहू भी ना माना गया......
कभी ना दिया गया उसे वो दर्जा.....
उसको तो समझा गया......
सिर्फ एक काम करने वाली बाई.......
जिसकी नहीं है कोई इच्छाएं......

और ना ही है कोई भावना.......
हरदम कचोटा गया......
उसके नाजुक मन को........
लोगों के ताने और बातें सुन सुन कर........
फट चुका था उसका कलेजा......
कर रही थी जो अब तक......
अपनी किस्मत पर नाज़.......
उसको हो चुका था अब ये महसूस.......
कि उस घर में खेला गया.......
हर पल उसके साथ एक खेल.......
किया गया उसके साथ एक छलावा......
और उस छलावे को नाम दिया गया।......
बहू- बेटी.......
बहू- बेटी.......

21. तेरे मेरे दरमियां

तेरे मेरे दरमियां........
ये खामोशियां ,कहां से आ गई......
क्या ये फिज़ा, है बदली......
या ये, मौसम ही बदल गया.....
कैसे रास आ गई, तुम्हें मेरी खामोशी......
जो कहता था......
कि तू तो ,चहकती हुई ही अच्छी लगती है......
क्यूं आ गई, ये गुमनामी की दीवार.......
क्यूं वक्त ने ,अपना जोर चलाया......
तेरा मेरा बनाया, ये किला......
ताश के पत्तों की तरह, ढह गया.......
क्यूं है ,सारा जमाना खुश.......
और हम तुम, हैं खामोश......
ना तू रख पाया ,खुद पर काबू.......
और ना ही मैं ,समझ पाई तुझको.......
शायद दूसरों ने समझाया.......
वो समझ ,बखूबी आ गया था......
तेरा मेरा रिश्ता ,रेत की तरह तो न था......
जो जरा सा हवा का झोंका आते ही ढह गया......
ये तो था वो.......

जिसकी लोग देते थे दुहाई.......
आखिर क्यों, वो कांच के टुकड़ों की तरह......
चकनाचूर हो गया.......
चले तो एक ही रास्ते पर थे......
फिर क्यों, अपना रास्ता जुदा हो गया........
थोड़ा तू खुद को समझाता.......
थोड़ा मैं खुद को मनाती.......
और दूसरों को खुश करने के बजाय.......
कुछ सरोकार, एक दूसरे से रखते.......
तो शायद ,आज मैं और तुम ,हम होते......
अभी भी क्या बिगड़ा है.......
एक कागज का टुकड़ा ही तो है......
इसको फाड़ कर, खत्म करते हैं सारी दास्ताने......
और बनाते हैं ,अपना एक नया आशियां......
और एक नया घरौंदा.......
तेरे मेरे दरमियां.......
तेरे मेरे दरमियां.......